G. DU FRESNE DE BEAUCOURT

HISTOIRE DE CHARLES VII

ALBUM

AVIS AU RELIEUR

POUR LA DISPOSITION DES PLANCHES

Tome Ier. — *En tête :* Portrait du cabinet de l'auteur.

A la fin : Fac-similé n° 1 (lettre de 1415).

Tome II. — *En tête :* Fac-similé n° 2 (lettre de 1429).

A la fin : Carte.

Tome III. — *En tête :* Portrait (fragment du *Calvaire*).

A la fin : Fac-similé n° 3 (lettre de 1419).

Tome IV. — *En tête :* Portrait du Louvre.

Tome V. — *En tête :* Fac-similé n° 4 (lettre de 1456 : « Beaulx oncle Phelippe... »).

Tome VI. — *En tête :* Fac-similé n° 5 (lettre de Marie d'Anjou).

A la fin : Fac-similé n° 6 (lettre de 1461).

PORTRAIT DE CHARLES VII

Ce portrait, arrivé aux mains de l'auteur depuis la rédaction du tome IV, n'a pu, par conséquent, y être décrit. On peut le rapprocher du portrait du Louvre et de celui de la galerie de Gaignières décrit à la page 81. Il est peint sur bois et est reproduit ici dans la dimension des deux cinquièmes du tableau original.

Imp. Chardon-Wittmann

I

PREMIÈRE LETTRE MISSIVE

Portant la signature de Charles VII; 28 novembre 1415.
Bibliothèque Nationale, ms. fr. 20437, f. 7.

1415 · 23 Nov.
Vernon

De par Charles filz du Roy de France et conte de Ponthieu

[illegible]

Tres chiers et bons amis, il a pleu a monseigneur le Roy pour aucunes causes qui a ce l'ont meu mesmes par l'advis et deliberacion de mon tres redoubte seigneur mon seigneur de Guienne nous commettre et ordonner garde et capitaine de son chastel du bois de Vincennes. Ainsi que plus a plain vous est peu apparoir par les lettres que mondit seigneur nous a fait [illegible], lesquelles affin d'estre par vous veriffiees vous ont este de par nous portees par nostre ame et feal chevalier et chambellan messire Jehan de Maille et nostre bien ame escuier d'escuierie Jehan [illegible] pour ceste cause et mesmement pour recevoir et prendre pour nous et en nostre nom la possession et saisine dudit chastel et des biens et autres choses appartenans a icellui, ainsi par de la envoiez. Et [illegible] ont iceulx noz chevalier et escuier depuis leur partement de nous fait savoir comment ilz n'ont encores peu de vous obtenir verification de nosdites lettres ne aucune expedicion en ceste partie. Mais a este et est la besoigne par vous tenue en delay et suspence [illegible] a quelle fin. Disans qu'elle ne peut promptement estre expediee, tant pour les grans charges d'autres affaires qu'avez entre mains, comme pour ce que encore n'estoit avenue certainete de la mort du [illegible] et que plusieurs tenoient qu'il estoit encores en vie [illegible]. Lesquelles choses congnoissons bien estre toutes couleurs de [illegible] dilacions [illegible]. Et [illegible] nous semble que ne deussiez aucunement faire mesmement a nous filz de mondit seigneur. Et pour ce tres chiers et bons amis sommes nous meuz de vous presentement escripre. Si vous prions bien acertes que ces choses par vous considerees et bien pensees vueillez liberalment verifier lesdites lettres de l'octroy qu'il a pleu a mondit seigneur nous faire touchant la garde et capitainerie dudit chastel dudit bois, et au surplus faire et donner a noz dessusdits gens en ceste partie [illegible] qu'il vous touchera et appartendra telle et si bonne et prompte expedicion que nous aions cause de congnoistre le desir et bonne voulente qu'avons vous avoir a nous complaire, et aussi [illegible] que [illegible] entencion et vouloir n'est de mettre ne tenir noz besoignes [illegible] et longues expedicions [illegible] comme les autres [illegible]. Et [illegible] maniere [illegible] en vostre [illegible] ne aussi [illegible] a mondit seigneur [illegible] deffaulte par [illegible]. Et en [illegible] ces choses faisant nous ferez si [illegible] plaisir que bien en avons souvenance [illegible] en temps qui viendra. Et affin que mieulx vous appare [illegible] vouloir [illegible] congnoistre [illegible] nous avons voulu de nostre main escripre nostre nom en ces lettres. Tres chiers [illegible] que vous ait en sa saincte garde. Escript a Vernon le xxiii jour de Novembre.

Charles

II

LETTRE MISSIVE[1]

Adressée par Charles, dauphin, régent du royaume, à Philippe le Bon, duc de Bourgogne, après le meurtre de son père sur le pont de Montereau; 15 septembre 1419. — Bibliothèque Nationale, collection Moreau, 1425, n° 48.

De par le Regent le Royaume, Daulphin de Viennois, duc de Berry, de Touraine et conte de Poitou.

Tres chiers et tres amez freres. Pour ce que savons que bien desirez savoir a plain de nostre estat et santé, nous vous certiffions que a la façon de ces presentes nous estions en bonne santé de nostre personne, mercy nostre Seigneur, qui le semblable vous vueille ottroier. Laquelle chose oïr de vous, ensemble de voz nouvelles en bien, nous seroit singulier plaisance, confessons que esperance nous en vouldrez. Tres chiers et tres amez freres, vous avez bien sceu comme nous tenons la paix qui a esté faicte et publiee en ce royaume, par laquelle et par les amitiez et aliances convenances entre nous et feu beau pere nostre cousin, cui Dieu pardoint, devoit estre et demourer bonne union en ce royaume, tant entre lui, nous que entre les subgiez d'icellui. Et nous avoit promis beau dit pere de non avoir desoresmais aucunes parolles de traictié, aliance ou amitié avec ledit adversaire d'Angleterre, ainçois renonceroit a celle que y avoit, promettoit avoir, suivant la foy de son corps, que dedans brief moys apres il leur feroit guerre ouverte. Et par ainsi departismes d'ensemble en bonne amour, et en accort de retourner ad certain jour l'un avec l'autre pour besongnier sur les affaires de ce royaume, mesmement contre les ennemis. Mais pendant ledit temps icellui nostre cousin incontinent apres retourna a Pontoise et communiqua avec ledit adversaire pour reprendre et entretenir les traictiez qu'ilz avoient ensemble [illegible] Calais point nouveaulx seremens des gens [illegible], et qui a l'heure de son trespas envoiez [illegible], en leur faisant promettre de non laissier entrer nous ne les nostres a [illegible] et au bois de Vincennes, ne en armes en ladicte ville, et fist empeschier les passages d'[illegible] a quelzconques personnes, ne en armes(?) envoiez pour soy tirer en la frontiere desdiz ennemis sans [illegible] des forteresses a ceulx que aurions envoiez pour leur faire aucune guerre, comme promis avoit. Et neantmoins sommes retournez pour de [illegible] acorder, esperans que en ladicte convencion quant a chief convenu avec lui en la maniere [illegible] il n'avoit pas entretenu ses dictes promesses, il feroit bien. Lui avions remonstré comme il avoit promis et singulierement comment au bien de ladicte paix et de reparer ce que avoit esté fait au contraire et singulierement [illegible] de plusieurs pars ce y [illegible] avoir esté [illegible]. Et combien que nous feussions adverti de plusieurs pars qui bien ont sceu la conduicte de ceste chose, bien cogneu par l'effect et en sommes acertenez, par gens qui bien ont [illegible] et mis peine de induire plusieurs chiefz de guerre et autres de ce royaume, tant de nostre hostel que autres, que il avoit attrait a sa part de prendre nostre personne pour en faire a son plaisir. Neantmoins avons nous attendu sa venue devers nous au lieu de Monstereau et lui fait delivrer le chastel de ladicte ville en nom de sceurté, pensans que quant il verroit nostre bonne entencion et que nous lui aurions remonstré ces choses il se desmouveroit de son propos et continueroit en ladicte paix et amitié. Et ainsi le cuidasmes faire a l'eure que nous convenismes avec lui, et lui remonstrasmes amiablement ainsi que il appartenoit les fautes et choses devant dictes. Mais nous le trouvasmes en tel propos que bien apparut que il avoit en son cuer ladicte entencion de nous prendre. Et pour la mettre a effect tira le sire de Noailles estant en sa compaignie son espee et lui s'efforça de attempter a nostre personne, laquelle chose voyans plusieurs noz serviteurs qui la estoient, advertiz de sadicte voulenté et ayans en memoire les faiz passez advenuz tant en la personne de feu beau oncle d'Orleans que autres, doubtans le semblable au regart de nous, se meurent en tant que noise se sourdi par entre noz gens et les siens, en laquelle noise et conflict il demoura mort sur la place par son oultrage et de son entreprise. Et pour ce que bien savons que nature et la condicion du cas ainsi pour son fait mesmement et par oultrage a lui advenu vous induiroit a estre de ce present doloir et desplaisance, envoyons et escripvons presentement devers vous, vous priant tres acertes que selon vostre bon sens et discretion vueillez vous donner en ce bon confort et prendre en pacience ledit cas ainsi advenu, sans en rien vous en esmouvoir pour quelzconques induccions qui vous fussent faictes par plusieurs qui ont esté causes et induit vostre pere de faire plusieurs choses dont tant de inconveniens sont advenuz, et a lui finablement en est mal prins. Et quant a nous, nous vous aiderons, cherirons, aiderons et conforterons de nostre povoir, non obstant les choses devant dictes et avis passez, et entretendrons envers vous ladicte paix de point en point. Et vous tous avez de nous [illegible] et la generalle abolicion par nous accordee, et vous garderons voz drois et prerogatives. Et pensez que en ce faisant nous delaisserons et oublierons plusieurs choses qui affect nous pourroient mouvoir, et plusieurs autres semblables non sans cause. Et ne peut pas estre faicte grant desplaisance, remembrans personne aver les autres choses passees, pour lesquelles devoit estre l'entreprise ainsi faicte contre nostre personne, par le fait de beau dit pere, ont en semblable vous pouez savoir, ces plusieurs du sang de mon seigneur [illegible] prendre en cuer et apres plusieurs essoines de grant pitié doulour a la vostre. Laquelle leur a tenu prendre. Et ces choses avons plus a plain chargié nostre tres chier et amé cousin le conte d'Aumale de parler a vous et vous dire et declarer la verité de ces choses et nostre entencion, lequel vueillez croire de ce qu'il vous dira de nostre part et admadvons(?) sur ce comme a nous mesmes. Tres chiers et tres amez freres, Nostre Seigneur vous ait en sa garde. Escript [illegible] le [illegible] jour de Septembre.

Charles

[illegible]

III

LETTRE MISSIVE DE CHARLES VII

Ecrite pendant que Jeanne d'Arc était à Chinon; 5 avril 1429.

Cabinet de l'auteur.

De par le Roy.

Noz amé et feal. Nous vous envoyons ce present messaige que nous venons davoir de nostre amé et feal cousin le Sire
d'Estouteville ou quel entendrez ce qui s'est passé ou mont Saint Michiel et la besoigne qui s'en est ensuivie a quoy
nostred. cousin a porté bon remede et en pense avoir bon effect toutesvoyes et pour ce que nous voulons que vous y puissez employer
et les gens de vostre ordonnance nous en escripvons sa descripcion et maniere de la chose qui propose ce que nous semble de bon
et prouffit propos nous vous mandons retourner promptement par della sans qu'il soit mestier de venir pour ce coustié
de nous pour haster la conclusion de lad. chose. Et de demourer vous en saurez plus a plain ce que led. present porteur
de ce que vous dira de par nous et y vouldrez adjouster foy et ne le en retardez en riens mais l'acomplir a vostre pouvoir.
Donné a Chinon le V.me jour d'avril.

Charles

[illegible]

A nostre amé et feal conseiller et chambellan le Sire
de Culant.

PORTRAIT DE CHARLES VII

Musée du Louvre. École française, n° 653.

Ce portrait est décrit au tome IV, p. 80-81.

Imp. Ch. Wittmann.

IV

ANNOTATION AUTOGRAPHE DU DAUPHIN LOUIS

A la suite des lettres patentes du 28 janvier 1457.

Bibliothèque Nationale, Mélanges de Colbert, 355, n° 206.

Beaulx oncle Phelippe duc de Bourgoingne nous vous prometons par la foy
et serment de nre corps de entretenir et garder de point en point le traictie
et apointement de la paix fait entre monseigneur et vous tout ainsi quil est cy dessus
escript sans aucunement faire ne venir a lencontre et quant il plaira a dieu que
parvenons a la couronne de France vous prometons encores bailler nos lettres
patentes de telle substance que ces presentes escript de ma main.

Loys

V

LETTRE AUTOGRAPHE DE MARIE D'ANJOU

Bibliothèque Nationale, ms. fr. 20429, f. 61.

Mays plus vous diray sçavoir de ceste heure
la malladye et meschamment avoir eu la
personne de mess. lequel comme pensez est
fort foible pour [illegible] luy but ...
... mays plus mays seroit de en [illegible]
aultres [illegible] mes [illegible] vous
vous le [illegible] pour vous [illegible]
estat auquel [illegible] mays de [illegible]
il luy a dornier [illegible]
de [illegible] a vous se [illegible] aux [illegible]
et ayant et [illegible] tous de [illegible]
de vous [illegible] et [illegible]
de [illegible] le [illegible]
[illegible] mays [illegible] vous [illegible]
a [illegible] en [illegible] mal [illegible]
et [illegible] de vous [illegible]
semble [illegible] comme [illegible]
[illegible] vous de [illegible]
[illegible] le quel [illegible] vous [illegible] et [illegible] tant
[illegible] vous [illegible]
[illegible] mays seroit de [illegible]
[illegible] le quel ne peut [illegible]
a vous et [illegible] de [illegible]
vous [illegible]
[illegible] mays [illegible] de [illegible]
et [illegible] le [illegible] vous [illegible]
[illegible] pour la [illegible] de [illegible]
[illegible] vous [illegible]
et [illegible] et [illegible] tant
[illegible] de vous [illegible]
[illegible] de la [illegible]

Marye

VI

DERNIÈRE LETTRE MISSIVE DE CHARLES VII

Mehun-sur-Yèvre, 15 mai 1461. — Archives de M. le duc des Cars.

De par le Roy

Nostre amé et feal. Nous avons receu les lettres que par ce porteur nous avez escriptes
par lesquelles nous faictes bien a plain savoir la disposicion en quoy sont les choses
par della et nous advertissez des provisions qui vous ont semblé estre necessaires
et convenables pour le bien et conduicte d'icelles dont et des bons advertissemens
que nous faictes sommes bien contens. Au surplus avant la reception de
voz dictes lettres vous avions bien a plain escript comment nous envoyons par della nostre
amé et feal conseiller et chambellan Odet d'Aydie bailly de Constantin bien
informé de nostre vouloir et garny de povoir souffisant pour besongner esdictes
matieres selon qu'il a semblé estre affaire et l'avons chargé de soy tirer devers
vous et autres noz officiers et serviteurs estans par della pour icelles matieres vous
communiquer afin que par l'advis et conseil de vous elles soient conduictes
et executees par les meilleurs et plus honnorables et prouffitables moyens
au bien de nous et recommandacion de nostre seigneurie de faire que faire se pourra
et vous y emploier, comme savez que la chose le requiert et que en vous en
avons bien la confiance. Et nous avons bonne esperance veu la provision
que y donnons que moiennant l'aide de Dieu et vostre bonne conduicte les choses
prandront bonne fin et conclusion. Donné a Melun sur Seine le quinziesme
jour de may

Charles

Reynaut

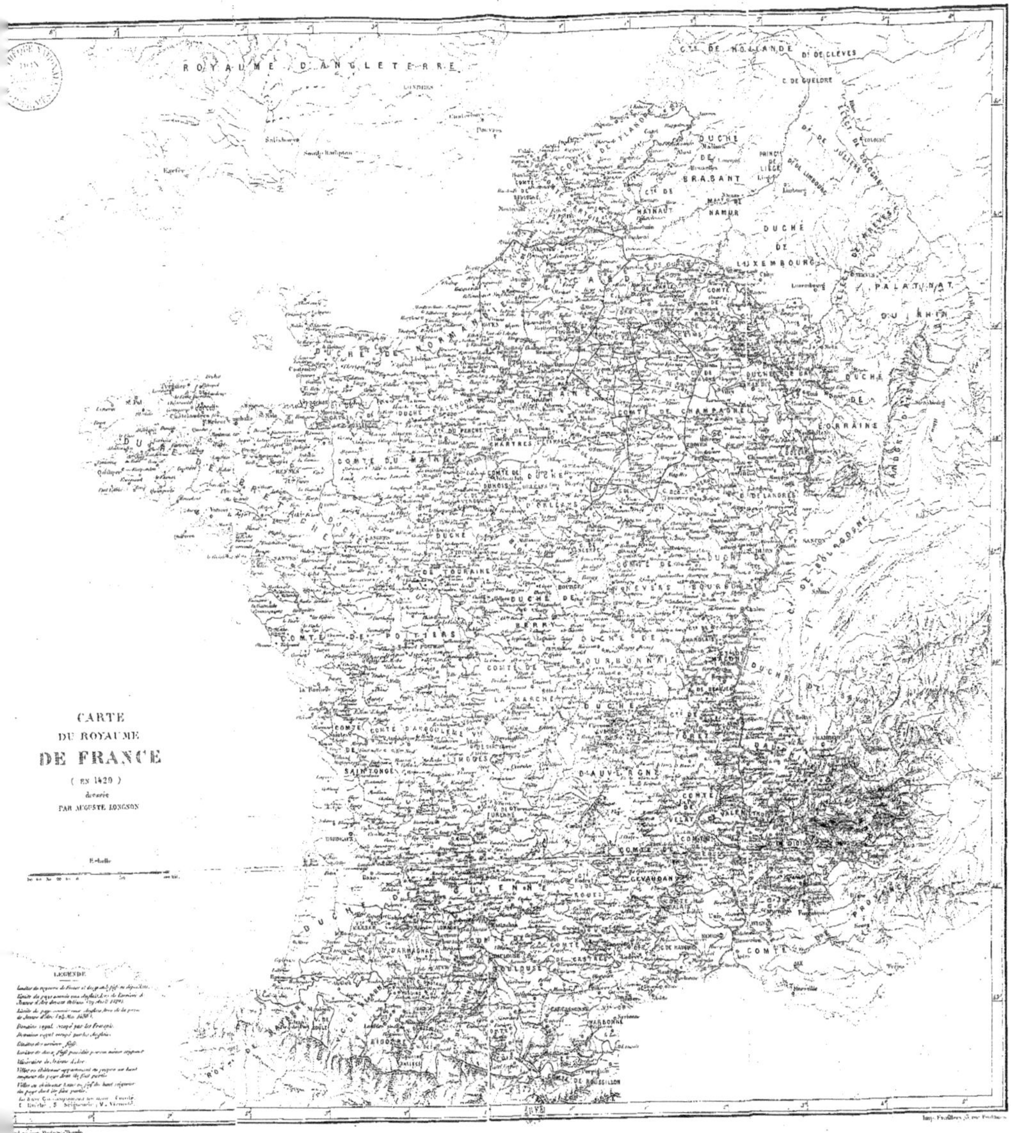

Imp. Fraillery

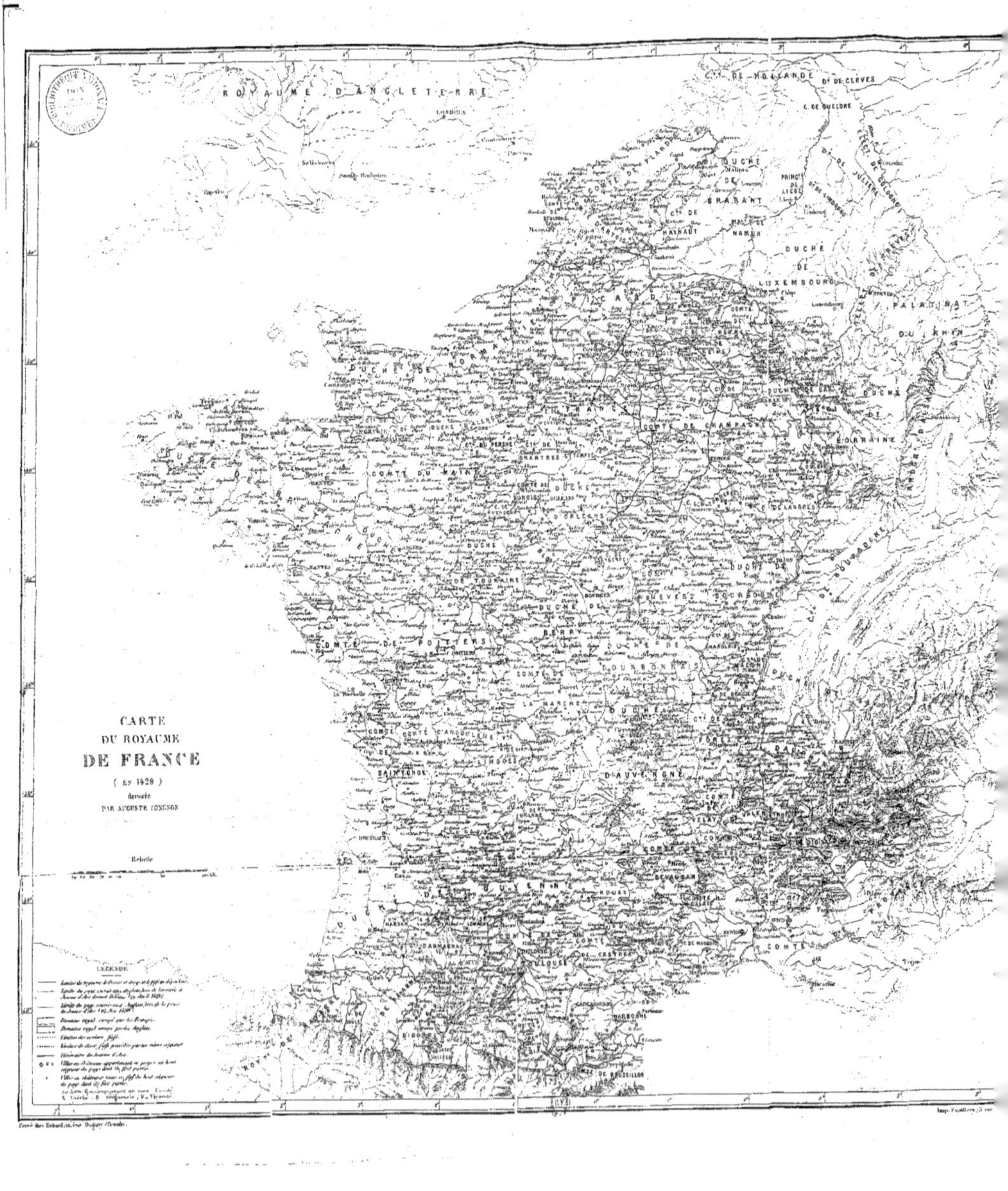

ROYAUME D'ANGLETERRE
LONDRES
CTÉ DE HOLLANDE
Dé DE CLEVES
DUCHÉ DE BRABANT
CTÉ DE HAYNAUT
DUCHÉ DE LUXEMBOURG
PALATINAT DU RHIN
COMTÉ DE FLANDRE
PICARDIE
DUCHÉ DE NORMANDIE
COMTÉ DE CHAMPAGNE
LORRAINE
COMTÉ DU MAINE
DUCHÉ D'ORLÉANS
DUCHÉ DE TOURAINE
DUCHÉ DE BERRY
COMTÉ DE POITIERS
DUCHÉ DE BOURBONNAIS
DUCHÉ DE BOURGOGNE
DUCHÉ D'AUVERGNE
SAINTONGE
BORDEAUX
DUCHÉ DE GUYENNE
NARBONNE
CARTE
DU ROYAUME
DE FRANCE
(EN 1429)
dressée
PAR AUGUSTE LONGNON
Echelle
LÉGENDE

CHARLES VII SOUS LES TRAITS DE SAINT LOUIS

Calvaire de la grand'chambre du Parlement,
aujourd'hui dans la première chambre de la Cour d'appel.
Fragment de ce tableau. — Voir t. IV, p. 81-82.

Imp. Chardon Wittmann

www.ingramcontent.com/pod-product-compliance
Lightning Source LLC
Chambersburg PA
CBHW061123050726
47594CB00005B/2061
9782012860322